EDELVAN JOSÉ DOS SANTOS

Novena de Nossa Senhora do Desterro

EDITORA SANTUÁRIO

Direção editorial: Pe. Fábio Evaristo R. Silva, C.Ss.R.
Pe. José Luís Queimado, C.Ss.R.
Coordenação editorial: Ana Lúcia de Castro Leite
Copidesque: Luana Galvão
Revisão: Sofia Machado
Diagramação e Capa: Mauricio Pereira

Textos bíblicos extraídos da *Bíblia de Aparecida*, Editora Santuário, 2006.

ISBN 978-65-5527-214-7

2ª impressão

Rua Pe. Claro Monteiro, 342 – 12570-045 – Aparecida-SP
Tel.: 12 3104-2000 – Televendas: 0800 - 0 16 00 04
www.editorasantuario.com.br
vendas@editorasantuario.com.br

Novena de Nossa Senhora do
Desterro

Nossa Senhora do Desterro

Nossa Senhora do Desterro, cuja festa litúrgica é celebrada no dia 2 de abril, é também conhecida sob o título de Nossa Senhora da Fuga . Sua devoção tem origem nos fatos revelados na Bíblia! Segundo narra São Mateus *(Mt 2,13-23)*, a Sagrada Família teve de fugir com o Menino Jesus para o Egito, por causa da perseguição do rei Herodes. Nossa Senhora permaneceu cerca de quatro anos fugindo, desterrada no Egito, com o Menino Jesus e José. Assim, sua veneração está enraizada na vida dos refugiados, dos que foram expatriados, dos que não têm esperança no futuro. Ela é a intercessora daqueles que tiveram de deixar sua pátria para procurar trabalho em outra nação ou se refugiaram em outras terras. É a Mãe à qual todos recorrem para serem bem recebidos em terras estrangeiras, para conseguirem novas amizades e novo trabalho.

Maria nos ensina a espiritualidade do exílio, o saber acolher todo irmão desterrado. Os que rezam a Nossa Senhora do Desterro são protegidos da fome, da peste, da guerra e das doenças contagiosas; além disso, os malfeitores não terão poder de ofendê-los ou roubá-los.

A postura de Maria, na imagem de Nossa Senhora do Desterro, chama-nos atenção. Observamos a Sagrada Família sendo exilada, em fuga para o Egito, uma terra distante, com pessoas, língua, religião e costumes muito diferentes. Mesmo assim, Maria se apresenta em paz, cheia de serenidade e humildade.

O simbolismo de seu manto azul revela a verdade do Reino dos Céus, simbolizados na cor azul. Mesmo sendo perseguidos por um rei sanguinário, Maria e José estão com os Céus, pois estão com o menino Jesus, que é o Filho de Deus, o supremo bem.

A túnica branca de Jesus Cristo caracteriza a pureza e a santidade do Menino Deus, nosso Salvador. Seu semblante também é de paz e misericórdia, apesar das dificuldades encontradas pelo caminho.

São José, na cena do desterro de Nossa Senhora, segura a rédea do jumento, dirige, guia e é o guardião da Sagrada Família. Sua humildade resplandece em sua fisionomia, pois ele se submete à vontade de Deus, acreditando nas revelações que recebeu do anjo e lhe obedece prontamente. Seu cajado representa a direção dada por Deus, a firmeza e o apoio durante o caminho. Foi exatamente o que São José recebeu de Deus ao aceitar com destemor a missão de guardião do Menino Jesus e de Maria. Seu olhar fixo em Cristo nos revela seu total zelo com o projeto divino de salvar a humanidade.

O jumento traduz a providência de Deus, que não deixou faltar nada à Sagrada Família e transportou Maria e o Menino Jesus. O jumento, por ser um animal dócil, manso e útil, faz-nos lembrar que aqueles que servem a Deus devem sempre agir com mansidão e bondade.

Oração inicial

– Em nome do Pai, do Filho e do Espírito Santo.
– Amém!
– A nossa proteção está no nome do Senhor,
– que fez o céu e a terra!
– Ouvi, Senhor, minha oração!
– E chegue até vós o meu clamor!

– Vinde, Espírito Santo, enchei os corações de vossos fiéis e acendei neles o fogo do vosso amor. Enviai vosso Espírito, e tudo será criado e renovareis a face da terra! Oremos: Ó Deus, que instruístes os corações dos vossos fiéis com a luz do Espírito Santo, fazei que apreciemos retamente todas as coisas, segundo o mesmo Espírito, e gozemos sempre da sua consolação. Por Cristo, Senhor nosso. Amém!

Oferecimento da Novena: Bem-aventurada Virgem Maria, Mãe de Nosso Senhor Jesus Cristo, Rainha do Céu e da Terra, advogada dos pecadores, auxiliadora dos cristãos, desterradora das indigências, das calamidades, dos inimigos corporais e espirituais, dos maus pensamentos, das cenas terríveis do dia do juízo, das pragas, dos malfeitores, ladrões, arrombadores, assaltantes e assassinos; minha amada Mãe, eu, prostrado agora a teus *pés, cheio de arrependimento* de minhas pesadas culpas, por teu intermédio, imploro perdão ao boníssimo Deus *(faça seu pedido com fé e devoção)*. Roga a teu Divino Jesus, por minha família, para que Ele desterre de nossa vida todos esses males, dê-nos perdão e nos enriqueça de sua divina graça e misericórdia. Cobre-nos com teu manto maternal e desterra de todos nós todos os males e todas as maldições. Afasta de nós a peste e os desassossegos. Possamos, por teu intermédio, obter a cura de todas as doenças, encontrar as portas do Céu abertas e ser felizes por toda a eternidade. Amém!

Oração final

Nossa Senhora do Desterro, Mãe de Deus e nossa, que sofreste as angústias e incertezas da fuga e do exílio, no distante e desconhecido Egito, levando contigo o Filho, ameaçado de morte por Herodes, agradecemos as graças recebidas. Confiamos em teu amor de Mãe bondosa e compreensiva. Suplicamos, pedindo proteção para nós, peregrinos neste mundo, caminhando ao encontro do Pai, no Reino celeste. Pedimos tua intercessão por todas as famílias que buscam o aconchego de um lar, a segurança do trabalho, o pão de cada dia. Intercede pelos que sofrem, concede saúde aos doentes, reergue os desanimados, restitui a esperança aos desamparados desta terra. Acompanha os migrantes, os refugiados e todos os que se encontram longe de sua pátria e família. Ampara as crianças, dá vigor à juventude, abençoa as famílias, anima os idosos *(reze 1 Pai-Nosso, 3 Ave-Marias e 1 Glória ao Pai)*. E, depois de terminada nossa caminhada pelo mundo, mostra-nos Jesus, bendito o fruto de teu ventre. Ó clemente, ó piedosa, ó doce sempre Virgem, Maria! Amém.

Em nome do Pai, do Filho e do Espírito Santo. Amém!

1º Dia

A Virgem do Desterro recebe o Anjo Gabriel

1. Oração inicial *(p. 8)*

2. Palavra de Deus *(Lc 1,30-33)*

Disse o anjo Gabriel a Maria: "Não tenhas medo, Maria, porque Deus se mostra bondoso para contigo. Conceberás em teu seio e darás à luz um filho e lhe porás o nome de Jesus. Ele será grande e será chamado Filho do Altíssimo. O Senhor Deus lhe dará o trono de Davi, seu pai, e ele reinará para sempre na casa de Jacó. E seu reino não terá fim".

– Palavra da Salvação.

3. Reflexão

Nossa Senhora aceitou, sem reservas, o misterioso plano, idealizado pelo Altíssimo, de ser a geradora de seu Filho. Sem dúvida Maria foi escolhida entre todas as mulheres não por casualidade, mas porque possuía um coração sem a mancha do pecado, capaz de habitar o puro amor, que é o próprio Deus-Amor.

A Mãe de Jesus, diante do anjo Gabriel, deixou evidente sua obediência ao Todo-Poderoso: "Eis aqui a serva do Senhor, faça-se em mim segundo tua palavra" (Lc 1,38). Mesmo sendo a Medianeira das Graças, Maria lembra-nos, nessa passagem, o quanto devemos amar, primeiramente, o Onipotente, que entregou seu Filho em expiação de nossos pecados. Nossa Senhora jamais almeja da humanidade título acima do Pai Amantíssimo; ser a Mãe de Deus é o reconhecimento da Igreja de que foi pela Virgem Maria que o Deus-Filho se fez humano, pela ação do Deus-Espírito, para se cumprir os planos de Deus-Pai.

Ó Virgem do Desterro, ensina-nos a aceitar os desígnios do Pai; que abramos nossos olhos à presença de Deus em nosso meio, ainda que sejamos desterrados de nossos projetos pessoais pela inveja e pela ganância dos poderosos. Obrigado, Mãe piedosa, por ser templo vivo do Espírito Santo para nossa salvação. Amém!

– Nossa Senhora do Desterro, cheia de graça, roga por nós, pecadores, agora e na hora de nossa morte. Amém!

4. Oração final *(p. 10)*

2º Dia

A Virgem do Desterro visita Isabel

1. Oração inicial *(p. 8)*

2. Palavra de Deus *(Lc 1,39-42.45)*

Naqueles dias, Maria partiu em viagem, indo às pressas para a região montanhosa, para uma cidade da Judeia. Entrou na casa de Zacarias e cumprimentou Isabel. Logo que Isabel ouviu a saudação de Maria, o menino saltou em seu seio, e Isabel ficou cheia do Espírito Santo e exclamou em alta voz: "Tu és bendita entre as mulheres e bendito é o fruto de teu ventre! Bem-aventurada aquela que acreditou que se cumpriria o que lhe foi dito da parte do Senhor!"

– Palavra da Salvação.

3. Reflexão

Refletindo sobre a visita de Nossa Senhora a sua prima Isabel, entendemos que, embora fosse apenas uma jovem, Maria evidenciou preocupação com o próximo, colocou-se a serviço de toda a humanidade quando disse seu "sim" ao anjo Gabriel, surpreendeu a parenta com o gesto nobre, deixou seus aposentos, estando grávida, para se dedicar à futura mãe de João Batista, ainda que tivesse de caminhar muitos quilômetros. Por isso Maria torna-se sinal de solidariedade, sendo perfeita entre todas as mulheres e totalmente digna do Amor, gerado em seu ventre.

Ó Maria Santíssima, Mãe do Desterro, em teu colo carregas nosso Jesus, mostrando-nos que teu filho reina eternamente e que somente a Ele devemos adoração por tão grandioso gesto de amor. Ó Nossa Senhora, junto de teu esposo São José, intercede junto a Deus para que sejamos lembrados como herdeiros da salvação, prometida por Jesus. Com o coração contrito, renunciamos toda manifestação do pecado em nossa vida, pois queremos honrar o sacrifício de teu Filho, com preservação do corpo e da alma, templo e altar do Espírito Santo.

Peçamos à Mãe do Desterro sua compaixão para nos socorrer nos momentos de perigo e desespero, quando muitos são obrigados a deixar sua pátria. Imploramos teu cuidado especial se o mal tentar implantar no coração dos homens a cultura da morte pela exploração, pelo aborto, pela pena de morte. Que Cristo seja a luz que nos guia rumo à graça do Pai. Amém!

– Nossa Senhora do Desterro, cheia de graça, roga por nós, pecadores, agora e na hora de nossa morte. Amém!

4. Oração final *(p. 10)*

3º Dia

A Virgem do Desterro proclama o Magnificat

1. **Oração inicial** *(p. 8)*

2. Palavra de Deus *(Lc 1,46-49)*

Disse Maria a Isabel: "Minha alma engrandece o Senhor, e meu espírito se alegra em Deus, meu Salvador, porque Ele olhou para sua humilde serva; pois daqui em diante todas as gerações proclamarão que sou feliz! Porque o Todo-Poderoso fez por mim grandes coisas e santo é seu nome".

– Palavra da Salvação.

3. Reflexão

"Se alguém quer ser o primeiro, seja o último de todos e o servo de todos" (Mc 9,35). Esse pensamento de Cristo expressa a humildade almejada por Deus para cada filho seu, porém, diversas vezes, presenciamos a ganância desenfreada agindo no coração dos poderosos; então, o servir ao próximo fica de lado, prevalecendo os bens materiais em detrimento dos bens espirituais.

A postura da Virgem Maria releva a nobreza de seu espírito. Jamais quis ser glorificada por ser a bem-querida entre todos os viventes, sempre manteve o coração manso e despretensioso, caminhando conforme a vontade do Pai, por ser a humilde colaboradora do Reino de Deus.

Ó Maria, queremos depositar nossos projetos e trabalhos em tuas mãos; com humildade, agradecer os frutos produzidos por nosso esforço. Nossos talentos e dons são para o Senhor, e desejamos não ser guiados pela soberba e vaidade, mas reconhecer nossa pequenez diante da majestade de Deus.

Nossa Senhora do Desterro, diante de tua admirável pureza, ajuda-nos a termos um coração semelhante ao de Cristo. Intercede por teus filhos pecadores, muitas vezes, incrédulos e vacilantes em servir firmemente a vontade do Pai.

Queremos lutar em favor dos irmãos excluídos, dos imigrantes, dos refugiados, se preciso sofrer com eles pela construção de uma sociedade justa e mais solidária. Mãe, sê nossa companhia nos momentos de medo e desespero e faz de teus filhos promotores da paz. Amém!

– Nossa Senhora do Desterro, cheia de graça, roga por nós, pecadores, agora e na hora de nossa morte. Amém!

4. Oração final *(p. 10)*

4º Dia

Virgem do Desterro, a Mulher vestida de sol

1. Oração inicial *(p. 8)*

2. Palavra de Deus *(Ap 12,1-2.5)*

Um grande sinal apareceu no céu: uma Mulher vestida com o sol, tendo a lua sob os pés e uma coroa de doze estrelas na cabeça. Estava grávida e gritava de dor, angustiada para dar à luz. Ela deu à luz um filho, um menino, aquele que vai governar todas as nações com cetro de ferro. Mas seu filho foi arrebatado para junto de Deus e de seu trono.

– Palavra do Senhor.

3. Reflexão

Em suas aparições, Maria Santíssima quer nos atrair a seu doce coração, deixando evidente que jamais devemos nos desesperar diante de qualquer tribulação, seja na doença, no sofrimento ou na dor. Se confiamos nossa vida, primeiramente, ao Deus Trino e em suas mãos maternais, o que podemos temer? Quem poderá oprimir nossa fé em Cristo? Sem dúvida, nenhuma força maligna será capaz de desviar nossas almas desse Amor infinito.

Nossa Senhora do Desterro é a Virgem revestida de sol, de transbordante bondade para com os filhos pecadores. A todo momento, mostra-se piedosa com a dor dos exilados, dos sem-teto e sem-terra, revela a nós, seus filhos, que Deus se compadece de todos os sofredores e, sobretudo, aponta-nos a direção do bem, para estarmos a serviço do Altíssimo, na luta pela dignidade e pela paz.

Tão grandioso é o amor de nosso Pai, que nos ofereceu uma Mãe que abraça toda criatura, todos os povos. Agraciados somos, porque Deus não nos deixa desamparados em um mundo marcado pela violência, pelo sofrimento e pela exclusão.

Ó Virgem do Desterro, intercede, sem cessar, pelos irmãos expatriados, a fim de que encontrem condições dignas de sobrevivência. Também pedimos que os brasileiros, que tentam melhores oportunidades em outros países, sejam amparados por teu amor maternal. Obrigado, meu Senhor, por nos dar uma Mãe tão amável! Amém.

– Nossa Senhora do Desterro, cheia de graça, roga por nós, pecadores, agora e na hora de nossa morte. Amém!

4. Oração final *(p. 10)*

5º Dia

A Virgem do Desterro na fuga para o Egito

1. Oração inicial *(p. 8)*

2. Palavra de Deus *(Mt 2,13-15.19-21)*

Um anjo do Senhor apareceu em sonho a José e lhe disse: "Levanta-te, toma o menino e a mãe dele e foge para o Egito. Fica lá até eu te avisar, porque Herodes vai procurar o menino para matá-lo". José levantou-se, tomou de noite o menino e a mãe dele e partiu para o Egito. Ficou lá até a morte de Herodes, para se cumprir o que o Senhor falara pelo profeta, com as palavras: "Do Egito chamei meu filho". Quando Herodes morreu, um anjo do Senhor apareceu em sonho a José no Egito e lhe disse: "Levanta-te, toma o menino e a mãe dele e vai para a terra de Israel, pois já morreram os que estavam procurando matar o menino". Ele levantou-se, tomou o menino e a mãe dele e voltou para a terra de Israel.

– Palavra da Salvação.

3. Reflexão

Quando souberam do perigo que Jesus corria, José e Maria fugiram imediatamente para o Egito. Imaginemos a aflição de Maria, a angústia em saber que seu frágil bebê poderia ser vítima da crueldade de Herodes. Como sofreu em seu íntimo a Mãe de Jesus, pensando como proteger seu filho do calor e frio extremos pelos quais iriam ter de passar no deserto! Além disso, o medo dos salteadores, das serpentes e feras era inevitável, pois aquela região desértica oferecia-lhes muitas ameaças.

Foi por um sonho que José foi advertido sobre o risco que corria o recém-nascido se permanecessem naquelas terras. Com a morte do rei Herodes, novamente o anjo avisou o pai adotivo de Jesus para regressar à terra natal. Ainda assim, quando souberam que Arquelau reinava na Judeia, no lugar de seu pai Herodes, tiveram medo de voltar para Israel.

Mais uma vez, avisado em sonho, José tomou Maria e o Menino Jesus, e eles partiram para a região da Galileia, permanecendo na cidade de Nazaré. Pela ação divina, o Mistério do Amor foi salvo da crueldade dos poderosos.

Nossa Senhora do Desterro, imploramos teu intermédio para preservar nosso corpo e nossa alma do terrorismo, do tráfico humano, da violência doméstica e pedimos que se tornem pacíficos os corações perversos. Amém!

– Nossa Senhora do Desterro, cheia de graça, roga por nós, pecadores, agora e na hora de nossa morte. Amém!

4. Oração final *(p. 10)*

6º Dia

A Virgem do Desterro e a profecia de Simeão

1. Oração inicial *(p. 8)*

2. Palavra de Deus *(Lc 2,33-35)*

José e Maria estavam maravilhados com as coisas que dele se diziam. Simeão os abençoou e disse a Maria, sua mãe: "Este menino vai causar a queda e a elevação de muitos em Israel; ele será um sinal de contradição; a ti própria, uma espada te traspassará a alma, para que se revelem os pensamentos de muitos corações".

– Palavra da Salvação.

3. Reflexão

A repentina declaração de Simeão à Mãe de Jesus transforma seu pobre coração em um vale de lágrimas. Qual mãe amorosa e protetora receberia naturalmente a notícia de que seu filho seria vítima da crueldade humana?

E Maria continua a sofrer por seus filhos, nos dias atuais, vítimas da opressão. Muitos irmãos nascem para o sofrimento e padecem fora de sua pátria. São desterrados pela guerra, retirados do seio familiar, somente restando fugir para outras terras, à procura de acolhimento. Infelizmente, seu sofrimento pode continuar pela discriminação, pela falta de oportunidades de serviço e pela solidão.

O que podemos aprender com Nossa Senhora do Desterro principalmente quando soube da revelação de Simeão? Que jamais devemos nos rebelar contra Deus-Pai por causa das adversidades da vida, mas aceitar com resiliência os desafios em nossa caminhada de fé, que devemos nos manter firmes nos desígnios do Senhor, na convicção de que dias melhores virão.

Se os Céus não pouparam a Mãe e o Filho de sentirem horríveis agonias, quem somos nós para sermos preservados de tais aflições? Peçamos à Virgem do Desterro forças para suportarmos os piores momentos da vida e aceitarmos os planos que Deus confiou a cada um de nós. Amém!

– Nossa Senhora do Desterro, cheia de graça, roga por nós, pecadores, agora e na hora de nossa morte. Amém!

4.Oração final *(p. 10)*

7º Dia

Virgem do Desterro, protetora de nossos lares

1. Oração inicial *(p. 8)*

2. Palavra de Deus *(Eclo 3,3-7.14-17)*

Deus glorifica o pai nos filhos e confirma a autoridade da mãe sobre eles. Quem honra o pai intercede pelos pecados, evita cair neles e é ouvido em sua oração diária. Quem honra a mãe é como alguém que acumula tesouros. Quem honra o pai terá alegria em seus filhos e será ouvido no dia de sua oração. Quem honra o pai terá vida longa; quem obedece ao pai dá consolo à mãe. Filho, ajuda teu pai na velhice, não o entristeças durante sua vida. E, se ele perder a lucidez, sabe desculpar e não o desprezes em nenhum dia de sua vida. Porque a bondade com o pai não será esquecida, mas será plantada em lugar de teus pecados e contada para ti como justiça.

– Palavra do Senhor.

3. Reflexão

Deus quis manifestar-se aos homens em uma família humana. Ele quis nascer em uma família, para mostrar a importância que um lar cristão tem na formação do ser humano, em todas as suas potencialidades e dimensões.

A família é chamada de Igreja doméstica, pois as crianças devem aprender, dentro de seu lar, os princípios básicos da fé, e marido e mulher devem buscar sua santificação por meio da vocação matrimonial. A família é a principal escola de todas as virtudes sociais, porque é nela que se aprende e vive a obediência, a fraternidade e o sentido de responsabilidade. Quando a família vai bem, toda a sociedade prospera.

Infelizmente, a condição de refugiados vivida pela Sagrada Família se repete nos dias atuais. Muitos lares sofrem ainda com essa realidade. São muitas famílias que ainda hoje deixam sua casa, sua terra, sua gente e fogem da fome, da guerra, de outros perigos graves, em busca de segurança e de uma vida digna para si.

Nossa Senhora do Desterro nos mostra a importância da família unida nos tempos difíceis de crise e instabilidade. É preciso buscar soluções que ajudem o pai, a mãe e os filhos a serem cada vez mais unidos, a dialogarem mais, colaborando uns com os outros na resolução dos problemas.

Depositemos nas mãos de Maria os problemas que insistem em permanecer em nosso lar. Que o Espírito Santo adentre nosso coração! Concedei-nos, Deus-Pai, os dons espirituais necessários para a santificação de nossa família, para que nunca nos separemos do amor de Jesus Cristo, nosso Senhor. Amém!

– Nossa Senhora do Desterro, cheia de graça, roga por nós, pecadores, agora e na hora de nossa morte. Amém!

4. Oração final *(p. 10)*

8º Dia

A Virgem do Desterro na festa em Caná

1. Oração inicial *(p. 8)*

2. Palavra de Deus *(Jo 2,1-5)*

Houve uma festa de casamento em Caná da Galileia e lá se encontrava a mãe de Jesus. Também Jesus foi convidado para a festa junto com seus discípulos. Faltando o vinho, a mãe de Jesus lhe disse: "Eles não têm mais vinho". Respondeu-lhe Jesus: "Mulher, que importa isso a mim e a ti? Minha hora ainda não chegou". Sua mãe disse aos serventes: "Fazei tudo o que ele vos disser".

– Palavra da Salvação.

3. Reflexão

Tudo estava em perfeita ordem na festa de casamento em Caná, mas o vinho veio a faltar. Embora os convidados não tenham percebido a escassez da bebida, havia uma mulher atenta aos fatos, preocupada com o bem-estar de todos. Essa mulher, Maria de Nazaré, recorreu ao poder de seu filho, Jesus, e o milagre da transfiguração da água em vinho salvou aquela celebração festiva do fracasso.

Nossa Senhora assistiu o Filho em muitos momentos difíceis, sendo sua colaboradora da salvação. Embora Cristo não necessitasse de seu auxílio, Ele quis esclarecer ao mundo que, após sua ressurreição, Maria estaria a nosso lado, intercedendo nas situações de angústia e desalento.

Em nosso lar, qual o "vinho" nos falta para fortalecer o amor? No trabalho, nos projetos pessoais, em quais ocasiões ficamos desorientados quando percebemos que o "vinho" poderia acabar? Sim, falta-nos muito o vinho da esperança, da compreensão, do respeito e, sobretudo, o vinho do perdão e da paz.

Ó Virgem do Desterro, passa à frente de nossos medos, não permitas que, ao cairmos pelo cansaço, desistamos de levantar, pois queremos caminhar com o Cristo. Que as feridas do irmão exilado sejam curadas, que as guerras cessem e que tenhamos um coração aberto às necessidades dos desterrados. Ainda te peço, ó Mãe querida: cuida do meu coração, ajuda-me a encontrar as respostas nas incertezas da vida. Obrigado por seres minha intercessora e por nunca esqueceres teus filhos, pecadores. Amém!

– Nossa Senhora do Desterro, cheia de graça, roga por nós, pecadores, agora e na hora de nossa morte. Amém!

4. **Oração final** *(p. 10)*

9º Dia

A Virgem do Desterro aos pés da cruz

1. Oração inicial *(p. 8)*

2. Palavra de Deus *(Jo 19,25-27)*

Junto à cruz de Jesus estavam de pé sua mãe, a irmã de sua mãe, Maria, mulher de Cléofas, e Maria Madalena. Jesus, vendo sua mãe e perto dela o discípulo que amava, disse a sua mãe: "Mulher, eis aí teu filho". Depois disse ao discípulo: "Eis aí tua mãe". E, dessa hora em diante, o discípulo acolheu-a em sua casa.

– Palavra da Salvação.

3. Reflexão

Estando na cruz, Jesus Cristo ofereceu sua própria mãe como eterno intermédio entre os filhos e o Pai. A Virgem Maria soube ser a Mãe fidelíssima a seu Mestre, enquanto Ele esteve neste mundo! Como o supremo amor de Cristo supera a morte de cruz, Ele não deixou Nossa Senhora desamparada e, do mesmo modo, João também não foi esquecido.

Naquele momento, Cristo consagrou a Virgem do Desterro como Mãe da Humanidade, dando-lhe a incumbência de auxiliar todos os que recorrem à graça divina. Realmente, nós jamais receberemos uma dádiva maior, pois fomos agraciados com o puro amor da Mãe de Cristo, que reconforta as almas, quando clamamos por misericórdia.

Hoje, queremos exaltar a Deus-Pai pelas bênçãos derramadas em nosso lar, sob a intercessão de Nossa Senhora do Desterro. Ela caminha em nossa direção, com o Menino Jesus, o Messias, que nos salva de todos os males.

Ó Virgem Santíssima, termino minha novena suplicando perdão pelos erros cometidos contra o Sagrado Coração de Jesus e teu Sagrado Coração.

Protege minha família da violência e perseguição, abençoa os exilados, livra-nos da peste e da fome, santifica todas as almas aflitas e pecadoras, que se desviaram do Verdadeiro Amor. Em nome do Pai, do Filho e do Espírito Santo. Amém!

– Nossa Senhora do Desterro, cheia de graça, roga por nós, pecadores, agora e na hora de nossa morte. Amém!

4. Oração final *(p. 10)*

Este livro foi composto com as famílias tipográficas Calibri e
Bellevue impresso em papel Offset 75g/m² pela **Gráfica Santuário.**